Ines Hamrouni

Etude et émulation d'une interface Caméra numérique

Ines Hamrouni

Etude et émulation d'une interface Caméra numérique

Éditions universitaires européennes

Impressum / Mentions légales
Bibliografische Information der Deutschen Nationalbibliothek: Die Deutsche Nationalbibliothek verzeichnet diese Publikation in der Deutschen Nationalbibliografie; detaillierte bibliografische Daten sind im Internet über http://dnb.d-nb.de abrufbar.

Information bibliographique publiée par la Deutsche Nationalbibliothek: La Deutsche Nationalbibliothek inscrit cette publication à la Deutsche Nationalbibliografie; des données bibliographiques détaillées sont disponibles sur internet à l'adresse http://dnb.d-nb.de.

Coverbild / Photo de couverture: www.ingimage.com

Verlag / Editeur:
Éditions universitaires européennes
ist ein Imprint der / est une marque déposée de
OmniScriptum GmbH & Co. KG
Heinrich-Böcking-Str. 6-8, 66121 Saarbrücken, Deutschland / Allemagne
Email: info@editions-ue.com

Herstellung: siehe letzte Seite /
Impression: voir la dernière page
ISBN: 978-3-8416-6138-8

Dédicaces

Au terme de ce travail, j'ai l'honneur d'adresser mes vives dédicaces à mes chers parents. Ma reconnaissance pour votre affection, votre tendresse et votre compréhension. Merci bien pour vos grands sacrifices consentis pour moi ainsi que votre soutien.

Que dieu vous bénisse !

Egalement, mes dédicaces à ma chère sœur Yosser et mon cher frère Aymen qui ont partagé mes joies et surtout mes angoisses et qui n'ont jamais cessé de me soutenir et de m'encourager.

Remerciements

C'est un devoir bien agréable de venir rendre hommage au terme de ce travail à tous ceux qui auprès desquels j'ai trouvé le soutien et l'assistance. Mes remerciements s'adressent en premier lieu à la Direction Générale de l'entreprise ainsi qu'à la Direction des Ressources Humaines qui a bien voulu m'accorder la permission de passer ce projet de fin d'études au sein de STMicroelectronics-Tunisie.

Je tiens à remercier vivement mes deux encadreurs :

Monsieur Mohamed Ben Ahmed, manager du service support pour ses judicieux conseils. Il a été à la fois pertinent et pédagogue dans le suivi de mes travaux. Sa confiance ne m'a jamais fait défaut. Il a constamment porté un regard critique, ouvert et constructif sur mon travail. Sa capacité à savoir s'enthousiasmer pour une idée et son Opiniâtreté à faire partager ses réflexions ont été pour moi un facteur essentiel de motivation.

Madame Feten Hmeyda pour l'expérience enrichissante et pleine d'intérêt qu'elle m'a accordé et pour ses conseils rigoureux pour la rédaction du rapport.

Mes vifs remerciements s'adressent également aux personnels du service support et particulièrement à Mohamed Marwen Trabelsi responsable de caractérisation, Amel Nasri et Najoua Hamdi pour leurs aides précieuses pour passer mon stage dans les meilleures conditions.

Par ailleurs, nous voudrons également remercier tous les enseignants de la Faculté Des Sciences De Tunis pour la précieuse formation que nous avons reçus durant nos années d'études.

Enfin, nous exprimons notre profonde reconnaissance et vifs remerciements aux membres du jury pour avoir accepté de nous honorer par leur présence et de juger notre travail tout en espérant qu'il sera convainquant et qu'il puisse leur donner satisfaction.

Table des matières

Introduction... 1
Chapitre I.   Présentation Générale 2
    I.1.   Introduction 2
    I.2.   Présentation de l'organisme d'accueil 2
    I.2.1   Organisation de STMicroelectronics 2
    I.3.   Cadre général du travail 3
    I.3.1   Cahier Des Charges 3
    I.3.2   Outils Utilisés 5
    I.4.   Etude de l'existant 9
    I.4.1   Approche des compétiteurs 9
    I.5.   Acquisition numérique de l'image 12
    I.6.   Types de Caméra 16
    I.7.   Protocole de la caméra 18
    I.8.   Conclusion... 19
Chapitre II.   Conception 20
    II.1.   Introduction 20
    II.2.   Etude de faisabilité 20
    II.3.   Analyse des performances de la série F3..................................... 26
    II.4. Spécification.. 31
    II.4.1.La configuration de la caméra via I2C 31
    II.4.2.Acquisition numérique de l'image 32
    II.5.Modélisation... 33
    II.6.Architecture de l'acquisition numérique de l'image 34
    II.7.Implémentation.. 35
    II.7.1 La configuration de la caméra via I2C 35
    II.7.2. Acquisition numérique de l'image. 36
    II.8.   Conclusion... 39
Chapitre III.   Réalisation et Validation 40
    III.1.   Introduction 40
    III.2.   Connexion Hardware du microcontroleur avec la Caméra 40
    III.3.   Traces d'éxecution de l'acquisition numérique de l'image pour la
résolution QQVGA 41
    III.4.   Phase de tests et validation 42
    III.4.1. Architecture de la méthode de validation 42
    III.4.2. Liaison SPI(serial peripheral interface)..................................... 43
    III.4.3. Description du programme de validation 44
    III.4.4 Connexion Hardware du microcontroleur avec LCD................... 47
    III.4.5. Optimisation en fréquences pour la résolution QQVGA 48
    III.4.6.Charge Microprocesseur (CPU) 50
    III.4.7 Optimisation du coût du matériel 51

III.5. Conclusion.. 52
Conclusion Générale **53**
Glossaire **55**
Bibliographie **56**
Netographie **57**
ANNEXE(S).. **58**
Annexe A : …. **59**

Table des figures

Figure I.1 - Domaines d'applications de STMicroelectronics 3

Figure I.2 - Schéma général de l'application 4

Figure I.3 - Barre d'exécution du compilateur IAR 5

Figure I.4- Barre d'exécution du compilateur Keil 6

Figure I.5- Discovery kit pour les microcontrôleurs STM32F303xx 7

Figure I.6- Processeur Cortex M4 7

Figure 1.7 – Caméra Omni vision 2640 8

Figure I.8 – Bloc diagramme fonctionnel de la caméra 9

Figure I.9 – Bloc diagramme de l'implémentation de NXP 10

Figure I.10 – Bloc diagramme de l'interface matérielle DCMI 11

Figure I.11 – Codage d'un pixel en format RGB 565 (sur 16 bits) 13

Figure I.12 – Les étapes de numérisation de l'image 13

Figure I.13- Différentes résolutions spatiales 15

Figure I.14- Exemples de prise de vue, CCD (gauche) et CMOS (droite) 17

Figure I.15 - Principe du capteur CMOS20 17

Figure I.16- Principe du CMOS (DLSA) 17

Figure I.17- Chronogramme des signaux de sortie de la caméra 18

Figure II.1-Architecture d'un microcontrôleur 20

Figure II.2- Calcul du nombre de cycles utilisant le Timer Systick 26

Figure II.3-Signal de sortie 27

Figure II.4-Requête DMA 28

Figure II.5-Signal de sortie 28

Figure II.6-Retard entre le signal Vsync et Hsync 30

Figure II.7-Connxion du bus I2C 31

Figure II.8-Configuration des périphériquespar le logiciel MicroExplorer 32

Figure II.9-Machine à états finisFSM du protocole de la caméra 33

Figure II.10-Architecture de l'implémentation 34

Figure II.11-Trame I2C 35

Figure II.12-Organigramme décrivant l'implémentation 37

Figure II.13-Organigramme de l'interruption Vsync 38

Figure II.14- Organigramme de l'interruption Hsync 39

Figure III.1- Connexion du microcontrôleur avec la caméra 40

Figure III.2- Codage numérique des pixels d'une image test 41

Figure III.3- Variables de test 41

Figure III.4- Architecture de la méthode de validation 43

Figure III.5- Liaison SPI 44

Figure III.6- Organigramme de l'affichage d'une image 45

Figure III.7- Organigramme de l'affichage d'un pixel 46

Figure III.8-Connexion du microcôntroleur avec LCD 47

Figure III.9- Validation de l'acquisition numérique de l'image 48

Figure III.9.1-Afficheur LCD de la carte d'évaluation STM32F40-EVAL 48

Figure III.9.2-Afficheur LCD de la carte STM32F3 Discovery 48

Figure III.10- Optimisation du compilateur 48

Figure III.11- Fréquence d'acquisition et d'affichage 50

Figure III.12- Charge microprocesseur 51

Table des tableaux

Table I.1- Récapitulatif des résultats des travaux existants 11

Table II.1-Capacité de la SRAM et de la Flash.. 23

Table II.2- Différentes résolutions 24

Table II.3- Calcul du nombre de cyclesutilisantle timer Systick... 26

Table II.4- Mesure du nombre de cycles de la DMA 28

Table II.5- Paramètres de la connexion I2C 30

Table II.6- Table des Paramètres de la connexion I2C 30

Table II.5- Table de choix des périphériques 31

Table III.1- Description du programme de l'affichage 42

Table III.2- Etude comparative de notre solution avec celles des compétiteurs 50

Introduction

Les applications industrielles en matière de communication sont diverses. Une grande flexibilité est offerte aux consommateurs grâce à un large choix des applications à base de caméra. Présente dans divers produits de haute technologie, la caméra est embarquée dans un système électronique où tous ses composants communiquent ensemble. On cite par exemple les jouets, les caméras de surveillance, le scanner, les caméras de recul, les téléphones cellulaires...

Faire les meilleurs choix techniques et commerciaux en termes de consommation d'énergie, du rapport qualité prix, de durée de vie garantit la performance d'un produit.

Dans le marché de l'électronique embarqué on trouve les circuits à cible matériel comme les FPGA et les microcontrôleurs à cible logiciel comme les STM32.

Les circuits FPGA sont des circuits configurables au sens matériel pour réaliser une fonction logique bien déterminée. Bien comme l'ASIC sauf que ce dernier est un circuit spécialisé, regroupant un grand nombre de fonctionnalités uniques ou sur mesure. Malgré leurs hautes intégrations, les circuits FPGA et ASIC sont de coût de développement élevé et de délai de développement très long. Contrairement, les microcontrôleurs sont à usage générique et à programmation software flexible, ce qui permet de réduire le délai de mise sur marché.

L'émulation est une solution software à faible coût. En effet, c'est une imitation du comportement physique d'un matériel par son équivalent en software.

Dans ce cadre, notre projet de fin d'études consiste à émuler une interface caméra à l'aide des microcontrôleurs STM32F303.Ce microcontrôleur n'a pas une interface matérielle qui relie un périphérique externe qui est la caméra au microcontrôleur pour afficher l'image détectée sur un écran LCD. Pour cela, notre projet consiste à étudier la faisabilité de la mise en œuvre d'une interface caméra logicielle et d'implémenter un software capable de remplacer l'interface caméra matérielle.

Pour ce faire, nous avons divisé notre travail en trois chapitres: le chapitre1 consiste à présenter l'état de l'art des interfaces caméra matérielles et logicielles existantes. Le chapitre 2 se focalise sur l'acquisition numérique de l'image.

Enfin le chapitre 3 valide notre travail en concrétisant le système d'acquisition numérique de l'image par la méthode d'affichage sur un LCD et présente les différentes optimisations réalisées.

1

Chapitre I. Présentation

Générale

I.1. Introduction

Dans ce chapitre, on présentera le cadre général de ce projet. Nous présentons en premier lieu l'organisme d'accueil STMicroelectronics, ensuite le travail demandé, pour finir avec la thématique générale du projet.

I.2. Présentation de l'organisme d'accueil

STMicroelectronics a été créé en 1987 par fusionnement de SGS Microelectronica de Italie et Thomson Semi-conducteurs de France. La nouvelle entreprise a suivi une stratégie de développement accélérée dans le domaine de semi-conducteurs. Elle fabrique et commercialise des puces électroniques. Elle arrive à atteindre les premières places des acteurs mondiaux de production et de commercialisation des semi-conducteurs. STMicroelectronics conçoit, développe et commercialise une vaste gamme de circuits intégrés et de composants discrets utilisés dans différents domaines et applications. Elle est spécialisée essentiellement dans les applications électroniques et microélectroniques dédiées pour la télécommunication, l'informatique, l'automobile, les produits industriels et les applications grand public [N1].

I. 2. 1 Organisation de STMicroelectronics

STMicroelectronics Tunis est l'un des sites les plus diversifiés de l'entreprise en termes d'expertise et de compétence. C'est un centre qualifié en application et conception. Plusieurs divisions sont installées dans le site de ST Tunis. Les projets sont bien répartis sur ces différentes divisions.

Dans le site de STMicroelectronics Tunis nous trouvons comme division :

- Division des microcontrôleurs MCD
- Division de plateforme unifiée UPD

2

Le site de STMicroelectronics Tunis a pour mission de développer une large gamme des circuits intégrés et d'applications software reliées à ses circuits. Chaque microcontrôleur doit avoir des applications software et des démonstrations permettant de mieux exploiter le produit.

Une grande compétence en électronique et en systèmes embarqués est demandée au sein de la division MCD.

Ce site a commencé en 2001 .Il connait une croissance en termes de personnel, en effet le nombre actuel des ingénieurs est de l'ordre de 200 [N2].

Figure I.1 - Domaines d'applications de STMicroelectronics

I.3. Cadre général du travail

Ce projet intitulé «Etude et émulation d'une interface caméra numérique avec le microcontrôleur série STM32F3» est proposé par la division MCD (Division de microcontrôleur) service support.

I.3.1.Cahier des Charges

Soucieuse de ses ventes du microcontrôleur STM32F3 vu l'apparition du microcontrôleur STM32F4 qui possède déjà une interface caméra matérielle DCMI, STMicroelectronics cherche à développer des solutions garantissant la performance du STM32F3.Contrairement à STM32F4 qui vise un marché à coût élevé, STMicroelectronics

3

opte une nouvelle stratégie de marketing pour le produit STM32F3qui vise le marché à faible coût un STM32F3 avec une interface logicielle caméra .Ces domaines d'application peuvent être les jeux, les caméras de surveillance, le lecteur code à barre ...

En effet, cette application permet à l'utilisateur d'imiter le comportement de la Caméra et de maîtriser l'utilisation des microcontrôleurs STM32F303.La figure suivante montre le schéma synoptique de l'application.

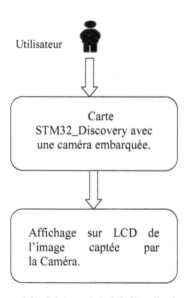

Figure I.2 - Schéma général de l'application

- **Mission**

Je suis chargée de piloter le projet et de mener à terme sa réalisation. Ainsi, différentes responsabilités me sont confiées.

D'un point de vue technique, il s'agit d'analyser l'état existant, de proposer des solutions et de les concrétiser. En effet, je dois concevoir et développer un pilote caméra capable d'interfacer le microcontrôleur comme étant maitre avec la caméra comme étant un esclave. Puis, je serais menée à faire le montage microcontrôleur avec la caméra et LCD et de développer une « application note » avec un « firmware ». Enfin, le pilote caméra doit être testé et validé.

I. 3. 2. Outils utilisés

Tout système embarqué nécessite dans sa conception à la fois des outils logiciels et matériels.

- **Outils logiciels**

Avant de présenter le compilateur IAR C, nous allons définir d'abord la compilation.

Le processus de compilation en langage C est réalisé en trois étapes:

Pré-compilation : Le processeur pré-remplace tous les macros et les fichiers à inclure par leur code et supprime les commentaires.

Compilation : Il génère, à partir du programme C un fichier objet.

Relier : Le linker donne les adresses des fonctions et des liens de tous les fichiers objets et les remplacent par un fichier exécutable.

- **Compilateur IAR Embedded Workbench**

Le compilateur utilisé dans notre projet est IAR Embedded Workbench de IAR

Systems. Il a la capacité d'optimiser les programmes avec des options diverses. IAR comporte 4 niveaux d'optimisation. Le choix se fait par l'utilisateur selon la plateforme utilisée. L'optimisation vise soit à réduire la taille du code, soit à réduire le temps d'exécution.

L'optimisation peut être un mélange des deux performances, on l'appelle donc optimisation équilibrée. Pour charger un programme souhaité dans un microcontrôleur, il est nécessaire d'utiliser l'outil ST-Link de STMicroelectronics.

Après avoir choisi l'une des options d'optimisation, et télécharger le programme dans le microcontrôleur, le compilateur IAR permet d'afficher le contenu des registres, visualiser le code machine, vérifier le contenu de la mémoire, et suivre les changements des variables C comme s'est montré dans la figure I.3.

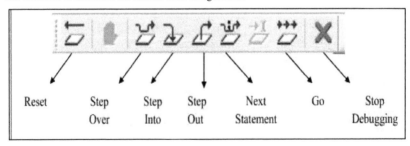

Figure I.3 - Barre d'exécution du compilateur IAR

La chaine d'outils permet également à l'utilisateur de suivre l'exécution du programme.
Nous définissons donc un point de d'arrêt à n'importe quel endroit l'utilisateur veut
stopper l'exécution dans le but de vérifier la logique du programme. L'exécution peut être
aussi faite étape par étape ou instruction par instruction. Aussi, IAR a l'avantage
d'accéder aux fonctions et aux procédures et suit leur progression en détectant la fin.

- **Compilateur Keil µVision**

Le µVision IDE de Keil combine la gestion de projet, la modification du code source, le
débogage du programme, et la simulation complète dans un environnement puissant. La
plate-forme de développement de µVision est facile à utiliser et aide à créer rapidement
des programmes intégrés qui fonctionnent. L'éditeur et le débogueur µVision sont intégrés
dans une seule application qui fournit un environnement transparent de développement du
projet.

Figure I.4- Barre d'exécution du compilateur Keil

- ## Outils matériels

  - **Carte STM32F3_Discovery** [N3]

La famille STM32F303xB/STM32F303xC est basée sur la haute performance
d'un noyau ARM Cortex M4 32-bit RISC fonctionnant à une fréquence de 72MHz,
sur l'incorporation d'une unité à virgule flottante (FPU), une unité de protection de
mémoire (MPU) et d'une macro-cellule de trace incorporé (ETM). La famille comprend
des mémoires embarquées (jusqu'à 256 Ko de mémoire flash et jusqu'à 40 Ko de SRAM)

6

et une vaste gamme de renforcement des entrées sorties GPIO. Les microcontrôleurs F3 offrent quatre convertisseurs analogiques numériques ADC à 12 bits, sept comparateurs, quatre amplificateurs opérationnels, deux convertisseurs analogiques numériques DAC, 5 timers à 16 bits, un timer à 32 bits, deux timers dédiés au contrôleur de moteur et des interfaces de communication (deux I2C, 3SPI (deux multiplexés avec I2S), trois USART, deux UART, un CAN et un USB).

La famille STM32F303xB/STM32F303xC opère dans la marge de température -40 à +85 ° C et -40 à +105 ° C. Un ensemble complet de « Low power mode » permet la conception d'applications de faible énergie. La famille STM32F303xB/STM32F303xC propose des microcontrôleurs allant de 48 broches à 100 broches. Les figures I.5 et I.6 montre respectivement la carte Discovery et l'architecture son processeur cortex M4.

Figure I.5-Discovery kit pour   Figure I.6-Processeur Cortex M4

les microcontrôleurs STM32F303xx

- **Caméra Omni Vision 2640**

La caméra Omni vision est un capteur d'images CMOS. Elle est dotée d'une seule puce UXGA (163x1232) et un processeur image. L'ov2640 capte une image entière «full frame», échantillonnée et fenêtrée à 8 bits/10bits dans une large gamme de formats contrôlé par une interface série caméra SCCB.

Ce produit est capable de préparer un tableau d'images pour une fréquence de 15 images/seconde avec une résolution d'UXGA.

Figure 1.7 – Caméra Omni vision 2640

Caractéristiques

- Contient un microcontrôleur embarqué.
- Dotée d'une haute sensibilité pour les faibles éclairages.
- Dotée d'une interface SCCB.
- Taille de l'image UXGA, SXGA, SVGA et les autres formats dérivés de SXGA.
- Les formats de sortie sont RAW RGB, RGB 565, GRB422, YUV422/420, YCbCr.
- Dotée d'un contrôleur de qualité de l'image (saturation de couleurs, gamma, enleveur du bruit et du pixel blanc).
- Détecte 50/60Hz de luminance.
- Supporte la compression.

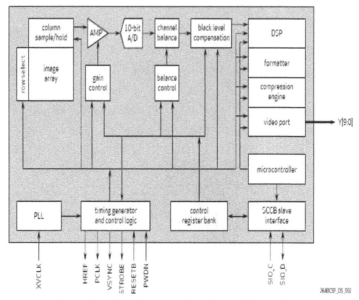

Figure I.8 – Bloc diagramme fonctionnel de la caméra

I.4. Etude de l'existant

I.4.1 Approches des compétiteurs

- **Approche de Freescale**

La mise en œuvre est effectuée sur MK60 et l'appareil utilisé est Omni Vision (OV7675) avec un capteur d'image CMOS VGA (640 x480).

Le transfert d'images se fait par la DMA et la destination est la SRAM interne du K60 qui est de 128 Ko, la résolution configurée pour la caméra est QQVGA (160 x 120) et les formats de sortie en option peuvent être RGB565 ou YUV4: 02:02.

L'horloge pixel Pclk est active seulement tout au long de l'activation du signal de synchronisation horizontale Hsync.

L'implémentation se fait à 30fps comme fréquence d'images par seconde et un **Pclk** de 3 MHz.

9

- **Approche NXP**

Un module de caméra Omni Vision OV7670 est utilisé dans cette implémentation avec une sortie parallèle 8 bits envoyés par l'appareil à l'interface de SCT .Le format de sortie est RGB565 et la résolution est QVGA. Le OV7670 est contrôlé via une interface I2C .En effet, la caméra prend ses commandes du microcontrôleur LPC1800 de fréquence 180MHz.Le transfert de données se fait par la DMA depuis le GPIO vers SDRAM. La caméra envoie également les impulsions de synchronisation horizontale et verticale qui déterminent la position du pixel. L'horloge pixel Pclk est active seulement tout au long de l'activation du signal de synchronisation horizontale Hsync.

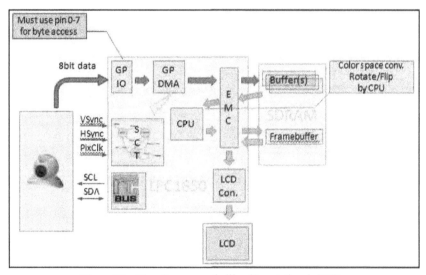

Figure I.9 – Bloc diagramme de l'implémentation de NXP

- **Interface caméra digitale matérielle DCMI de STM32F40-EVAL**

STM32F40-EVAL est dotée d'une interface caméra matérielle DCMI. La caméra prend ses commandes du microcontrôleur STM32F40-EVAL de fréquence 84 MHz. L'image est acquise par la caméra montée sur la carte STM32F40-EVAL via l'interface matérielle DCMI, ensuite stockée dans une mémoire externe RAM, puis transférée via une interface FSMC à l'écran LCD qui est monté sur la carte STM32F40-EVAL aussi. L'interface DCMI est montrée dans la figure I.10.

10

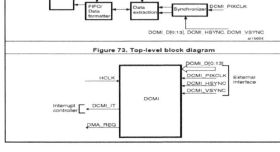

Figure I.10 – Bloc diagramme de l'interface matérielle DCMI

Caractéristiques	Freescale	NXP	STMicroelectronics (DCMI STM32 F4)
Type de l'interface caméra	logicielle	logicielle	matérielle
Format	RGB565	-RGB565 or -YUV4:2:2	–YCbCr 4:2:2 – RGB 565 –JPEG
Mode d'activation de Pclk	Pclk discontinu	Pclk discontinu	Pclk est toujours continu.
Fréquences Pclk	3MHz	-	54 MHz
Cadence d'images	30 fps	-	-
Résolution	QQVGA (160x120)	QVGA (320x240)	QVGA (320x240)
Charge microprocesseur	8%	8%	-

Table I.1-Récapitulatif des résultats des travaux existants

I.5 Acquisition numérique de l'image [1]

▪ Image numérique

On désigne sous le terme d'image numérique toute image (dessin, icône, photographie,...) acquise, crée, traitée ou stockée sous forme binaire.

L'image numérique est l'image dont la surface est divisée en éléments de tailles fixes appelées pixels, ayant chacun comme caractéristique un niveau de gris ou de couleurs.

• Matrice de pixels

L'image numérique est représentée par une matrice de pixels .On peut parler du pixel (i, j) .Une image est un ensemble de pixels ou un ensemble de couples d'entiers .A chaque pixel (i, j), on associe la valeur I (i, j) correspondant   à la lumière réfléchie par le point correspondant à ce pixel.

▪ Image numérique et systèmes de représentation de la couleur

• Image monochromatique

A chaque pixel, on associe une seule valeur appelée luminance ou niveau de gris. L'image est donc une matrice dont chaque pixel contient une seule valeur.

• Image polychromatique (multi-composantes)

A chaque pixel on associe plus qu'une valeur. Une image couleur est constituée de 3 matrices correspondantes au système de couleur (RGB).Chaque pixel est donc représenté par un vecteur de 3 valeurs.

▪ Systèmes de représentation de la couleur

 En combinant trois longueurs d'ondes particulières, il est possible de synthétiser presque toutes les couleurs existantes .Les trois couleurs de base sont dites couleurs primaires. Une couleur est représentée dans un espace trois dimensions.

▪ Synthèse additive Système RGB (Red Green Blue)

La synthèse additive est l'opération consistant à combiner la lumière de plusieurs sources émettrices colorées afin d'obtenir une nouvelle couleur.

En synthèse additive, les couleurs primaires généralement utilisées sont au nombre de trois : le rouge, le vert, et le bleu (RGB ou RVB). Le codage se fait comme s'est montré dans la figure I.11.

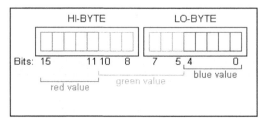

Figure I.11 –Codage d'un pixel en format RGB 565 (sur 16 bits)

- **Acquisition des images numériques**

Pour être traitée par le microcontrôleur, une image doit être numérisée. Cette opération nécessite un échantillonnage du plan (x, y) et une quantification de l'information liée à la valeur de z.

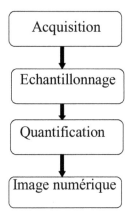

Figure I.12 – Les étapes de numérisation de l'image

- **Echantillonnage**
  - Discrétisation de l'espace.
  - Chaque échantillon est appelé pixel.
  - L'échantillonnage détermine le nombre de pixels.

13

- **Quantification**

- Discrétisation des valeurs des échantillons (affecter à chaque échantillon la valeur numérique la plus proche).

- Codage informatique sur 1,2,…, 8,…32.

Si les variations de teintes de la photographie peuvent être considérées continues avant la numérisation, elles doivent devenir discrètes pour être stockées dans des fichiers informatiques .Chaque pixel, avec la numérisation, reçoit pour son niveau la valeur de l'un des paliers accessibles pour coder les valeurs de teintes, suivant une loi préétablie par l'utilisateur.

Le paramètre le plus important de la quantification est le nombre d'éléments binaires par échantillon (bps, bit per sample) qui détermine le nombre d'intervalles de quantification et ainsi le format de codage.

Plus le nombre de niveaux de quantification est important, plus grande sera la résolution ou capacité à distinguer des objets dont les niveaux de teintes sont proches .Ce nombre dépend donc directement du codage informatique retenu: un octet (ou 8 bits) par pixels permettra de disposer de 256 niveaux.

Pour numériser les variations de niveaux de la courbe, chaque échantillon ou pixel d'une ligne de l'image, représenté en abscisse se voit attribuer la valeur de teinte.

- **Caractéristiques d'une image numérique**
  - **Résolution d'une image**

La résolution d'une image reflète sa qualité .On peut parler de :

-résolution spatiale

-résolution colorimétrique

  - **Résolution spatiale**

La résolution spatiale d'une image peut être définie par :

-la distance séparant deux pixels

-le nombre total de pixels

-le nombre de pixels par unité de mesures

La résolution définit le nombre de pixels par unité de longueurs (centimètre ou pouce).La résolution d'une image numérique s'exprime en ppi (pixel per inch) ou ppp (pixels par pouce).

Une image numérique étant caractérisée par :

- Sa taille exprimée en points de base (ou pixels de base)
- Ses dimensions réelles (exprimées en centimètres ou en pouces)
- Sa résolution qui s'exprime en pixels par pouce

Voici les différentes résolutions spatiales :

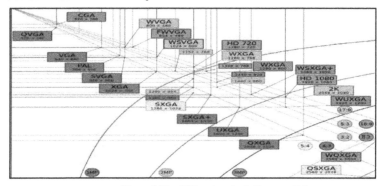

Figure I.13- différentes résolutions spatiales

- **Résolution colorimétrique**

La résolution colorimétrique est définie comme étant la profondeur de bits :

La résolution colorimétrique ou profondeur est définie par le nombre de bits nécessaire pour représenter un pixel dans l'image numérique .C'est le nombre de niveaux de pixels que peut avoir un pixel. Plus la profondeur de bits est élevée, plus grand sera le nombre de teintes (niveaux de gris ou couleur) représenté.

Par ordre de qualité croissant, on peut avoir :

- **Une image binaire (noir et blanc)**

Un pixel peut avoir deux niveaux et il peut être codé sur un seul bit.

- **Une image à niveaux de gris**

Un pixel peut avoir 256 niveaux et il peut être codé sur 8 bits (1octect).

- **Une image en couleurs naturelles**

Un pixel est représenté par un vecteur à trois composantes représentant les coordonnées de sa couleur dans un espace de couleurs .Chaque pixel est donc représenté sur 3 octets ou 24 bits.

I.6 Types de Caméras numériques

- **Caméras à Capteurs CMOS ou CCD**

Les capteurs CMOS sont apparus au début des années 1990.Ils permettent notamment une conversion de la charge directement sur le photo-site de génération par la présence d'un amplificateur sur le pixel. Cette particularité permet également de supprimer de nombreux transferts et d'accroître la vitesse de lecture.

Leurs principaux avantages sont issus de leur fabrication :

- Fabrication identique (90%) aux chips informatiques (et plus particulièrement la DRAM Dynamical Random Access Memory)
- Production de masse à bas coût
- Conversion directe de la charge sans transfert
- Chaque pixel a son propre amplificateur, pas de registre de décalage : capteur de pixel actif
- Chaque pixel est adressable individuellement
- Pas d'horloges compliquées
- Faible consommation électrique (100 fois moins que CCD)
- Cadence de lecture élevée

Leur émergence par rapport aux capteurs CCD depuis quelques années est directement liée à leur utilisation en téléphonie mobile comme caméra ou comme caméra embarqué. Ceci est une conséquence directe de leur fabrication à bas coût et de leur faible consommation.

Pour les applications scientifiques, c'est la vitesse de fonctionnement des CMOS (cadence d'images), liée à la conversion de la charge sur le site de création, qui privilégie leur utilisation aux CCDs. D'autre part, la possibilité de piloter chaque pixel indépendamment des autres, permet également leur utilisation en vision pour des scènes fortement contrastées. Le biais introduit par leur fonctionnement peut toutefois générer de fortes différences entre les images perçues par l'œil humain et l'image brute issue d'un capteur CMOS.

Figure I.14-Exemples de prise de vue, CCD (gauche) et CMOS (droite)

La taille des capteurs est voisine de celle des CCD et peut approcher le micromètre dans certains cas. Un des problèmes apportés par la technologie CMOS est une perte de résolution spatiale par la présence de l'amplificateur A sur le photosite (un peu comme le nerf optique sur la rétine pour l'œil humain...). Ceci est illustré à la figure I.15 (surface sensible en gris et amplificateur en jaune). Au début, un seul transistor était utilisé pour l'amplification. A présent, ces amplificateurs peuvent comporter de 3 à 5 transistors (3T et 5T CMOS) et le facteur de remplissage peut fortement diminuer.

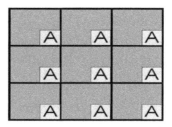

Figure I.15 -Principe du capteur CMOS

Enfin, on tend vers des caméras intelligentes, où grâce à la rapidité de transfert du CMOS couplé au traitement embarqué, une image interprétée est directement disponible en sortie. La caméra intelligente présente dès lors des fonctions intégrées directement au chip. Ce fonctionnement permet plus d'avantages en termes de taille et de simplicité.

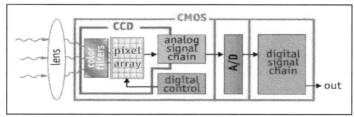

Figure I.16 -Principe du capteur CMOS

Les capteurs CCD et CMOS ont à présent des coûts comparables à volume équivalent (les CMOS de qualité sont produits sur des lignes séparées de la DRAM ...). Pour des applications performantes, la décision finale n'est pas liée à « CCD ou CMOS » mais bien à l'adéquation du produit à la tâche finale [N4].

I.7 Protocole de la caméra

- **Description du protocole de la Caméra pour la résolution QQVGA (160x120)**

Le protocole de la caméra est un protocole parallèle synchrone.

Les sorties d'une caméra sont : le signal Pclk qui est l'horloge d'un pixel, Vsync le signal de synchronisation verticale de l'image et Hsync le signal de synchronisation horizontale

Le Pclk a une fréquence configurable à partir du pilote de la caméra.

Le Vsync indique le début de capture d'une image .Tout au long de l'activation de Vsync, on détecte les 120 fronts montants de Hsync qui représente les 120 lignes. Quand Hsync est actif le pixel de donnée devient valide dans la ligne de donnée. Un nouveau pixel est valide à chaque front descendant de Pclk. Quand Hsync est désactivé, une nouvelle ligne est prête à être transmise. Lorsque Vsync s'active de nouveau cela indique une nouvelle image.

Si elle est configurée en format de codage à 16 bits, la caméra émet deux octets par pixel, par conséquent, la taille de la mémoire SRAM dans le microcontrôleur STM32F3 doit être au minimum deux fois le nombre de pixels.

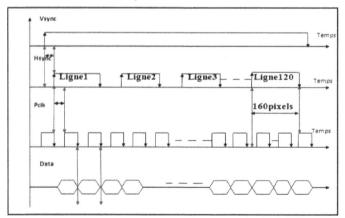

Figure I.17- Chronogramme des signaux de sortie de la caméra

I.8 Conclusion

Dans ce chapitre, on a présenté le cahier des charges de notre projet. La compréhension du processus d'acquisition numérique de l'image et du protocole de la caméra dans le chapitre 1 nous aidera à entamer le prochain chapitre proposant notre solution.

Chapitre II. Conception

II.1. Introduction

Dans ce chapitre, le concept de configuration de la caméra et d'acquisition numérique des images sera traité en premier lieu. La conception couvre plusieurs étapes : la spécification, la modélisation, l'architecture et enfin le choix de l'implémentation.

II.2. Etude de faisabilité

Un microcontrôleur englobe dans un même boîtier un microprocesseur, plusieurs types de mémoires et des périphériques (Entrées-Sorties) comme le montre la figure II.1.

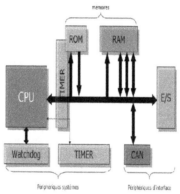

Figure II.1- Architecture d'un microcontrôleur

En se basant sur le travail des compétiteurs, on a fait le choix de certains périphériques du microcontrôleur F3 pour étudier leurs caractéristiques et déterminer par la suite les différentes contraintes fonctionnelles.

- **Les périphériques utilisés et leurs caractéristiques** [N6]

  - **Mémoire à accès direct DMA**

La DMA peut être utilisé pour réduire la surcharge du CPU.

L'accès direct à la mémoire (DMA) est utilisé afin de fournir un transfert de données à grande vitesse entre les périphériques et la mémoire ainsi que la mémoire à mémoire. Les données peuvent être rapidement déplacées par la DMA sans aucune action du CPU. Cela permet de maintenir les ressources du processeur libres pour d'autres opérations.

Les deux contrôleurs DMA ont 12 canaux au total, chacun dédié à la gestion de la mémoire pour les demandes d'accès provenant d'un ou plusieurs périphériques. Chacun a un arbitre pour la manipulation de la priorité entre les requêtes DMA.

- **Caractéristiques de la DMA**

• 12 canaux configurables indépendamment

• Chaque canal est relié à des requêtes de périphériques de la DMA ou à un déclencheur software.

• Les priorités entre les demandes de canaux d'une DMA sont programmables par logiciel (4 niveaux comprenant très élevé, élevé, moyen, bas) ou par matériel. En cas d'égalité (Demande 1 a la priorité sur la demande 2, etc.)

• Source et destination indépendantes de la taille de transfert (octet, demi-mot, mot) et les adresses de la source ou de la destination doivent être alignés avec la taille des données.

• Deux modes de transfert : circulaire et normale.

• 3 drapeaux de l'événement (DMA moitié- transfert, transfert DMA complet et Erreur de transfert DMA).

• Transfert de mémoire à mémoire.

• Transfert de périphérique à mémoire et mémoire à périphérique, et périphérique à périphérique.

• L'accès à la Flash, SRAM, APB et périphériques AHB en tant que source et destination.

• Nombre de données à transférer programmable: jusqu'à 65 536.

- **Timer et ses caractéristiques**

Les minuteries TIM se composent d'un rechargement automatique d'un compteur 16 bits entraîné par un diviseur programmable.

Ils peuvent être utilisés pour diverses finalités :

- La mesure des longueurs d'impulsions d'entrée
- Les signaux (capture d'entrée)
- Générer des signaux de sortie

Les longueurs d'impulsions et des périodes de forme d'onde peuvent être modulés de quelques microsecondes à plusieurs millisecondes en utilisant le diviseur de la minuterie et les diviseurs du contrôleur d'horloge RCC.

21

Les minuteries TIM15/16/17 sont totalement indépendantes et ne partagent pas de ressources.

TIM15 comprend les fonctionnalités suivantes :

• Un auto-reload up-counter à 16 - bit

• Un diviseur programmable à 16 - bit

• **Mode Capture d'entrée du Timer**

En mode de capture d'entrée, la Capture est faite par les registres (TIMx_CCRx). Ils sont utilisés pour verrouiller la valeur du compteur après une transition détectée par le signal d'entrée correspondant. Lorsqu'une capture se produit, l'indicateur correspondant CCXIF (registre de TIMx_SR) est défini et une interruption ou une demande DMA peut être envoyée si elles sont activées.

▪ **Ports généraux d'entrées sorties GPIO**

Les ports générales **I / O (GPIO)** sont programmables par logiciel dans plusieurs modes: entrée, sortie, fonction alternative, entrée analogique, sortie à drain ouvert, sortie push-pull et haute impédance.

• **Caractéristiques du GPIO**

• Etats de sortie: push-pull, drain ouvert et pull-up/down.

• Les données de sortie sont enregistrées dans le registre (GPIOx_ODR).

• Sélection de la vitesse pour chaque Entrée / Sortie.

• Entrée déclarée: flottante, pull-up/down, analogique.

• Les données d'entrée sont enregistrées temporairement dans le registre (GPIOx_IDR)

• Bit activé et désactivé par le registre (GPIOx_ BSRR) pour l'accès en écriture au niveau du bit à GPIOx_ODR .

• Le mécanisme de verrouillage (GPIOx_LCKR) prévu de geler le port A, B et D.

• Registres de sélection de fonction Alternative.

• Basculement rapide capable de changer tous les deux cycles d'horloge.

• Multiplexage de broches très flexible permettant l'utilisation de broches d'Entrée / Sortie.

▪ **Circuits inter_ intégrés I2C**

L'I2C est une interface de bus qui gère les communications entre le microcontrôleur et le bus série I2C. Il offre une capacité multi-maître, et contrôle tous les bus spécifiques de séquençage, de protocole, de l'arbitrage et du temps. Il supporte le mode de vitesse standard, mode rapide et mode plus rapide. Il a également SM Bus (bus de gestion de système) et PM Bus (bus de gestion de l'alimentation).

- **Caractéristiques de I2C**

- Modes de maître ou esclave

- Capacité de Multi-maîtres

- Mode standard (jusqu'à 100 kHz)

- Mode rapide (jusqu'à 400 kHz)

- Mode Plus rapide (jusqu'à 1 MHz)

- 7- bit à 10 - bit comme mode d'adressage

- 7 bits pour l'adresse esclave

- 7 bits pour les adresses des modes de reconnaissance

- Appel général

- Installation programmable et temps de maintien.

- Facile à utiliser pour la gestion d'événements.

- Remise à zéros logicielle.

- **Les avantages de l'I2C**

- **La vitesse de transmission**

  La grande majorité des implémentations que l'on trouve utilisent généralement 100 à400 kHz.

- **La topologie**

  I2C est un véritable protocole qui permet l'interconnexion de multiples boitiers dans différentes configurations :

  Maitre / Esclave, Maitre / Multiple esclaves, Multiple Maitres / Multiples esclaves

  Par contre ,par exemple pour SPI : en général la communication se fait point à point, bien que l'on puisse connecter plusieurs esclaves mais il faut alors des lignes supplémentaires. Un seul maitre qui génère l'horloge.

- **La connexion hardware**

I2C utilise seulement 2 lignes de transmission (SDA + SCL)

- **Interruption externe EXTI**

Le contrôleur des interruptions et des événements étendus (Exti) gère les interruptions externes et internes asynchrones et génère une requête d'événements ou d' interruption au contrôleur CPU et une demande de réveil pour le gestionnaire d'alimentation .Le Exti permet la gestion d'un maximum de 36 lignes d'événements externes ou internes (28

23

lignes d'événements extérieurs et 8 lignes d'événements internes).Le front actif de chaque ligne d'interruption externe peut être choisi de façon indépendante, tandis que pour une interruption interne le front actif est toujours le front montant. Dans le cas d'une interruption externe, un registre d'état est instancié et indique la source de l'interruption ; un événement est toujours une impulsion simple et il est utilisé pour déclencher le réveil du noyau . Pour les interruptions internes, le statut en attente est assurée par le périphérique de génération, donc on n'a pas besoin d' un drapeau spécifique . Les lignes internes sont prélevés uniquement en mode STOP. Ce contrôleur permet également d'émuler des événements externes par le logiciel.

- **Caractéristiques de l'EXTI**

• Génération de support jusqu'à 36 demandes d'événements ou d'interruptions.

• Configuration indépendante de chaque ligne comme une demande d'événements internes ou externes.

• Masque indépendant sur chaque ligne d'événement ou d'interruption.

• Désactivation automatique des lignes internes lorsque le système n'est pas en mode STOP.

• Déclenchement indépendant pour la ligne d'événement ou d'interruption externe.

• Bit d'état dédié pour la ligne d'interruption externe.

• Emulation pour toutes les demandes d'événements externes.

- **Les mémoires**

• **Mémoire morte Flash**

Le microcontrôleur STM32F3 est doté d'une mémoire flash qui atteint jusqu'à 256 Ko.

La mémoire flash est organisée en tant que cellules de mémoire de largeur de 64 bits qui peuvent être utilisés pour stocker à la fois le code et les constantes de données.

• **Mémoire statique à accès direct SRAM**

Le microcontrôleur STM32F303 est doté d'une mémoire volatile RAM de capacité limitée qui ne peut pas dépasser les 40k octets comme le montre la table II.1.

Périphérique	STM32F303CX		STM32F303RX		STM32F303XX	
Flash (K bytes)	128	256	128	256	128	256
RAM (K bytes)	32	40	32	40	32	40

Table II.1- Capacité de la SRAM et de la Flash

24

L'image capturée par la caméra est échantillonnée puis codée ensuite stockée dans la RAM. Par suite le format de codage des pixels présente un critère de choix de la capacité de la RAM.Le tableau II.2 résume les différentes résolutions et les tailles d'image correspondantes.

RESOLUTION		FORMAT	
		GRAY (8BIT/pixel)	RGB 565/YUV422
VGA	(640x480)	307,200 octets	614,400 octets
QVGA	(320x240)	76 800 octets	153 600 octets
QQVGA	(160x120)	19 200 octets	38 400 octets
SUBQCIF	(128x96)	12 288 octets	24 576 octets

Table II.2- Différentes résolutions

Pour fixer la taille maximale de l'image qu'on peut stocker, il est nécessaire de la comparer avec la taille de la SRAM.

La capacité de la SRAM du microcontroleur STM32F303 est égale à 40960 octets. Si on va utiliser le format de codage de pixels à 16 bits, il faut limiter la résolution à une résolution maximale QQVGA (160x120).Le reste de l'espace mémoire non occupé par les données de l'image est réservé aux variables générées par le code .

- **Pour les images monochromatiques de résolution QQVGA (160x120)**

Le reste de l'espace mémoire:

40960- (160x120)=21760 octets

- **Pour les images polychromatiques de résolution QQVGA (160x120)**

Le reste de l'espace mémoire:

40960-38400 =2560 octets

Après cette étude de faisabilité, le projet est réalisable pour une RAM de 256k octets.

II.3.Analyse des performances de la série F3

Pour faire le lien entre les contraintes temporelles des signaux de synchronisation de la caméra avec l'architecture du microcontroleur, on a fait un ensemble de tests de performance de l'usage de la DMA et de l'usage du CPU . La figure II.2 montre l'organigramme de la méthode de calcul du nombre de cycles de l'éxécution d'une fonction utilisant le timer Systick.

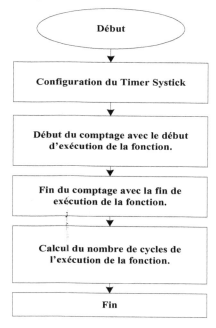

Figure II.2 - Calcul du nombre de cycles utilisant le timer Systick

On doit d'abord déterminer quels programmes ou processus vont utiliser le CPU . On a pris comme exemple l'interruption externe pour l'usage CPU et le transfert de données de la RAM vers le GPIO pour l'usage de la DMA.

- **Usage du CPU**

On a développé un code qui fait clignoter une LED à chaque front montant d'un signal externe c'est-à-dire suite à une interruption externe EXTI. Le but est de calculer le nombre de cycles écoulé pour l'exécution d'une certaine interruption externe et aussi de préciser la fréquence maximale que peut atteindre le signal de sortie (le signal du clignotement de la LED) comme est montré dans la figure II.3.

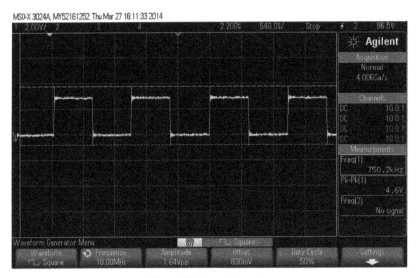

Figure II.3- signal de sortie

Nombre de cycles de l'interruption : 72000000 / (750000*2) = 48 cycles

Nombre de cycles pour la configuration d'une interruption	Nombre de cycles de l'exécution d'une interruption
34 cycles	48 cycles

Table II.3- Nombres de cycles d'une interruption

- **Usage de la DMA**

On a développé un code qui fait clignoter une LED à chaque front montant d'un signal d'entrée c'est-à-dire suite à une capture d'entrée du Timer. En effet, le Timer envoie une requête hardware à la DMA à chaque front montant du signal d'entrée pour déclencher le transfert de données de la RAM vers le GPIO. Le but est de calculer le nombre de cycles écoulé pour l'exécution du transfert de donnés d'une table stockée dans la mémoire vers le registre ODR du GPIO pour écrire des 1 ou des 0 et ainsi faire clignoter une LED et de préciser aussi la fréquence maximale que peut atteindre le signal de sortie (le signal du clignotement de la LED).Les figures II.4 et II.5 illustrent ce qui est précédement mentionné.

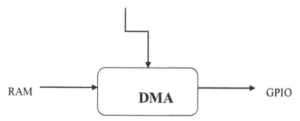

Figure II.4- requête DMA

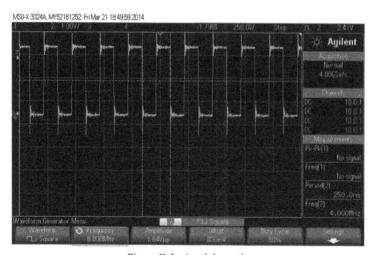

Figure II.5- signal de sortie

28

D'autres tests de performances de la DMA ont été faits :

- D'une part pour savoir la différence du temps écoulé entre les différents chemins de transfert de données : de la RAM vers la RAM, de la Flash vers la RAM, de la RAM vers le GPIO
- D'autre part pour calculer le temps de retard entre une seule requête DMA et plusieurs requêtes DMA. Voici les résultats récapitulés dans la Table II.4.

Déclenchement	Scenarios	Nombre de cycles de transfert de 32 mots	Nombre de cycles de transfert de un seul mot
Déclenchement Par software	DMA (un seul canal) RAM->RAM	234	7 cycles
	DMA (un seul canal) Flash->RAM	313	10 cycles
	DMA(2 canaux) RAM->RAM(canal 1) RAM->RAM (canal 2)	273	8.5 cycles
	DMA(2canaux) Flash->RAM(canal 1) RAM->RAM(canal 2)	314	10 cycles
Déclenchement Par Hardware	DMA (un seul canal) /TIMER INPUT CAPTURE RAM->GPIO	-	9 cycles

Table II.4-Mesures de nombre de cycles de la DMA

- **Analyse des résultats**

Les mesures faites précedemment nous permet de respecter les contraintes temporels souples et durs des signaux de synchronisation de la caméra et d'estimer la fréquence maximale que peut atteinre l'horloge Pixel **Pclk**.

Concernant l'usage du CPU une interruption externe demande pour son éxecution 34 cycles. Avec une fréquence du microncôntroleur de 72MHz, cela correspond à 476 ns. Comparant au temps critique de retard entre le front montant de Vsync et celui de Hsync donné par la datasheet de la caméra, cela ne pose pas de contrainte temporel car il est de l'ordre de milliseconds comme s'est montré dans la figure II.6.

 Quant à l'usage de la DMA, le timer envoie une requête à la DMA chaque front montant de Pclk. Le transfert de données se fait en 7 cycles donc en 98 ns ce qui permet de nous donner une idée sur la fréquence maximale du **Pclk** .

 Le temps de retard entre le front montant de Hsync et celui de **P**clk dépend de la fréquence de Pclk. Plus elle est élevée plus le temps de retard est minimal. Donc on risque de perdre les premiers pixels.

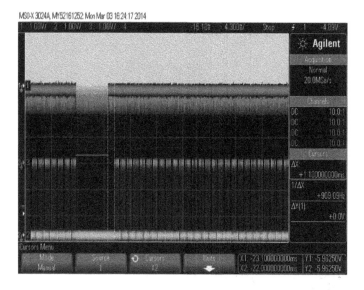

Figure II.6- retard entre le signal Vsync et Hsync

II.4.Spécification

Suite à l'étude de faisabilité et l'étude des performances du microcontrôleur F3, on a f ixé le choix des périphériques pour les deux parties du projet :

- La configuration de la caméra via I2C
- L'acquisition numérique de l'image

II.4.1 La configuration de la caméra via I2C

La configuration de la caméra s'effectue par I2C.

Dans notre cas le maître est le microcontrôleur et l'esclave est la caméra.

Le bus I2C permet la communication entre des composants électroniques très divers grâce seulement à trois fils : Un signal de donnée (SDA), un signal d'horloge (SCL), et un signal de référence électrique (Masse) .La figure suivante montre la connexion du bus I2C.

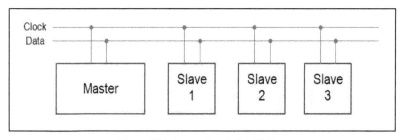

Figure II.7- Connexion du bus I2C

Les commandes de configuration se font sur la ligne SDA et le transfert est cadencé par une horloge SCL. Le premier octet de configuration sera l'adresse de la caméra I2C (ici 0x60), le deuxième octet sera l'adresse du registre de la caméra à modifier et le troisième octet va correspondre à la valeur à écrire dans ce registre. Le périphérique choisi est I2C1 et ses paramètres sont fixés dans le tableau II.5.

Paramètres fixées	Valeur
Bus	APB1 (36MHZ)
Fréquence de transmission	100KHz (mode standard)
Mode de transmission	Full duplex

II.5- Table des Paramètres de la connexion I2C

31

II.4.2 Acquisition numérique de l'image

▪ **Configuration des périphériques**

C'est souvent difficile de connecter correctement les différents peripheriques à un MCU, surtout si celui-ci possède différentes   capacités de remappage dans les Manuel de références (qui est certainement le cas pour STM32) et d'essayer de ne pas attribuer le même axe pour tous les périphériques qu'on souhaite connecter au MCU.

L'outil de configuration visuelle STM32 Microexplorer affiche automatiquement les periphériques contradictoires revendiquant la même broche [N5].

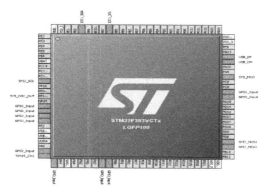

Figure II.8- Configuration des périphériques par le logiciel MicroXplorer

Dans le tableau ci-dessous, on a fixé le choix des périphériques hardware et les opérations effectuées par chacun d'eux.

Périphérique	Fonction à réaliser
GPIOC	Saisie des données numériques de l'image envoyée par la caméra.
GPIOA	Saisie des signaux de Vsync et Hsync.
EXTI1	Interruption Vsync
EXTI3	Interruption Hsync
TIMER 15 (canal1)	En mode capture d'entrée : Génération des demandes à la DMA chaque front montant de Pclk.
DMA (canal 5)	Transfert des données du GPIO vers la SRAM.

II.6- Table de choix des périphériques

II.5 Modélisation

La modélisation du protocole de la caméra se fait par un nombre fini d'états. Ci-dessous la représentation schématique d'un système à 3 états.

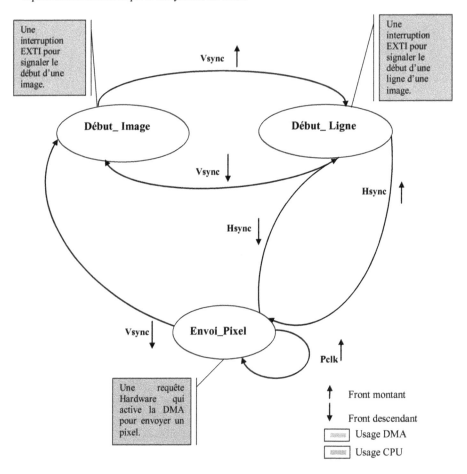

Figure II.9- Machine à états finis FSM du protocole de la caméra

- **Description de la machine à états finis**

L'état initial est Début_ Image où commence le transfert d'une image. Au front montant de Vsync on passe conditionnellement à l'état   Début_ Ligne où commence le transfert d'une ligne. Si le front montant de Hsync est détecté on passe au troisième état celui d'Envoi_Pixel.

On reboucle cet état jusqu'à le transfert total du nombre de pixels d'une ligne. Dès que Hsync devient inactif on revient à l'état Début_ Ligne où le transfert d'une nouvelle ligne commence. Le passage de l'état Début_ Ligne à l'état Envoi_Pixel se refait X fois au nombre de lignes de l'image capturée. Le front descendant de Vsync signale la fin de transfert d'une image et le début d'un nouveau cycle d'une nouvelle image.

II.6 Architecture de la méthode de l'acquisition numérique de l'image

La caméra est configurée en mode esclave par I2C. Les sorties de la caméra Vsync et Hsync sont les déclencheurs de deux interruptions externes EXTI, Pclk est l'entrée du timer pour déclencher des requêtes Hardware à la DMA .

Le flux de données de l'image numérique sort de la caméra puis entre par le GPIO et enfin le transfert vers la SRAM se fait par la DMA.

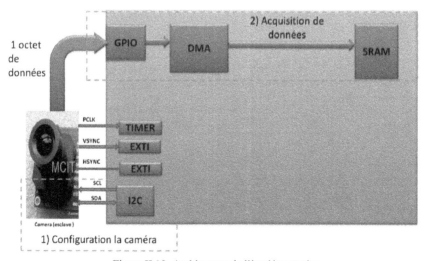

Figure II.10- Architecture de l'implémentation

34

II.7 Implémentation

II.7.1 La configuration de la caméra via I2C

Le microcontrôleur, le maître de la communication I2C, pilote l'esclave qui est la caméra pour :

- La mettre en mode capture ou en mode stop
- Configurer ses registres afin de régler par exemple la fréquence des signaux de sortie, la luminance, le contraste, l'effet de couleurs …

L'échange microcontrôleur caméra se fait sur différentes étapes :

- Emission d'une condition de START par le microcontrôleur.
- Emission de l'octet de l'adresse de l'esclave (caméra) par le microcontrôleur avec le bit de lecture écriture R/W à 0.
- Réponse de l'esclave qui est la caméra par un bit d'acquittement ACK (ou de non-acquittement NACK).
- Emission des adresses des registres de la caméra à configurer et des données de configuration par le microcontrôleur pour la caméra.
- Réponse de la caméra par un bit d'acquittement ACK (ou de non-acquittement NACK).
- Emission d'une condition de STOP par le microcontrôleur pour signaler la fin de la trame.

La trame I2C est montrée dans la figure suivante :

Start	Adresse de l'esclave	A C K	Adresse des registres à configurer	Données de configuration	A C K	Stop

Figure II.11- Trame I2C

II.7.2 Acquisition numérique de l'image

Notre implémentation supporte un mode de Pclk continu.

- Une interruption déclenchée par Vsync chaque front montant.

- Une interruption déclenchée par Hsync X fois (nombre de lignes) tout au long de l'activation de Vsync.

- Un transfert du registre IDR du GPIO vers la SRAM par la DMA chaque nouvelle requête du Timer déclenchée à chaque front montant de Pclk.

L'organigramme de la figure II.12 montre la séquence d'opérations pour acquérir une image numérique suivant les signaux de sortie de la caméra.

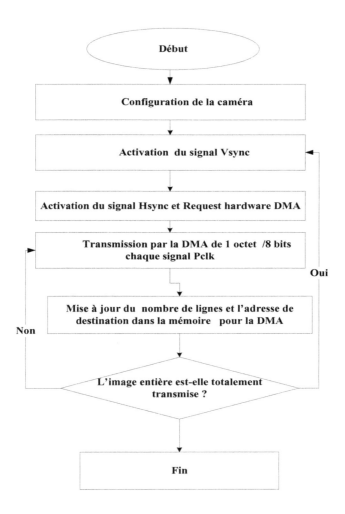

Figure II .12- Organigramme décrivant l'implémentation

- **Une interruption déclenchée par Vsync chaque front montant**

Le signal Vsync est un signal de synchronisation verticale .Il permet de signaler le début de transmission d'une image .

L'organigramme suivant illustre les étapes faites au cours de l'interruption Vsync.

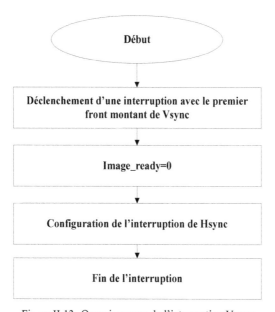

Figure II.13- Organigramme de l'interruption Vsync

- **Une interruption déclenchée par Hsync X fois (nombre de lignes) tout au long de l'activation de Vsync**

Le signal Hsync est un signal de synchronisation horizantale. Il permet de signaler le début de transmission d'une ligne.

Tout au long de l'activation de Hsync, le timer envoie des requêtes hardware à la DMA pour l'activer afin de faire le transfert de 1 octet chaque front montant du signal Pclk.

L'organigramme suivant illustre les étapes faites au cours de l'interruption Hsync.

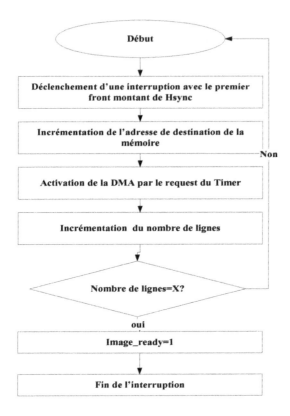

Figure II.14- Organigramme de l'interruption Hsync

II.8 Conclusion

Ce chapitre a porté sur l'acquisition numérique de l'image. Nous avons abordé en premier lieu la spécification. Ensuite, nous avons présenté notre modélisation sous forme d'une machine à états finis. Enfin, nous avons fixé l'architecture et nous nous sommes concentrés sur l'implémentation de notre interface logicielle de la caméra digitale. Arrivée à ce stade, il ne reste qu'à valider le processus de l'acquisition numérique de l'image par son affichage sur un LCD; ce qui fera l'objet du chapitre suivant.

Chapitre III. Réalisation
et Validation

III.1.   Introduction

Dans ce chapitre, nous mettrons en pratique tout ce que nous avons présenté tout au long de ce projet. Pour ce faire, nous commencerons par présenter la partie réalisation et la partie validation partant de l'implémentation de la méthode de l'affichage des pixels jusqu'à la connexion hardware du microcontrôleur avec LCD. Nous entamerons, par la suite, les différents aspects d'optimisation.

III.2.   Connexion Hardware du microcontrôleur avec la Caméra

La caméra comme étant esclave est configurée par le microcontrôleur comme étant maître via le bus I2C (inter intergrated circuit).

Le signal SCL est une horloge imposée par le microcontrôleur, le signal SDA est la ligne de données, l'horloge d'entrée xvclk est celle du microcontrôleur pour assurer la synchronisation.

Les signaux de synchronisation Vsync, Hsync et le signal d'horloge d'un pixel Pclk sont les sorties de la caméra.

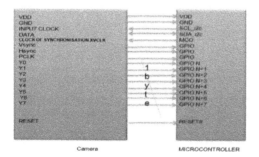

Figure III.1- Connexion du microcontrôleur avec la caméra

40

III.3. Traces d'exécution de l'acquisition numérique de l'image pour la résolution QQVGA

- **Image Test**

La première méthode de test consiste à reconnaitre les codes couleurs d'une image statique composée de huit bandes de couleurs consécutives : noir, bleu, rouge, rose, vert, bleu ciel, jaune et blanc. Chaque bande est de 40 octets. La figure suivante montre les huit bandes de couleurs de test.

Figure III.2- Les huit bandes de test

La première bande de test est la bande encerclée en rouge dans la figure III.3.

```
Address: Image
0x20000064: 61 08 81 08 60 08 61 08 61 08 61 08 61 08 61 10 41 10 81 08 81 08 61 10 61
0x2000007D: 10 60 10 61 10 41 08 61 08 61 08 61 08 1E 08 1E 08 1E 00 1E 08 1E 00 1E 00
0x20000096: 1E 00 1E 00 1E 08 1E 00 1E 00 1E 00 1E 00 1E 00 1E 00 1E 00 1E 08 1E
0x200000AF: 08 1E 08 00 E8 00 E8 00 E8 00 E8 00 E8 00 E8 00 E8 00 E8 00 E8 00 E8
0x200000C8: 00 E8 00 E8 00 E8 00 E8 00 E8 00 E8 00 E8 00 E8 07 E0 09 F0 1F F0 1F
0x200000E1: F0 1F F0 1F F0 1F F0 1F F0 1F F0 1F F0 1F F0 1F F0 1F F0 1F F0 1F F0
0x200000FA: 1F F0 1F F0 1F F0 1F F0 03 7F 05 E0 07 E0 07 E0 07 E0 07 E0 07 E0 07 E0
0x20000113: 07 E0 07 E0 07 E0 07 E0 07 E0 07 E0 07 E0 07 E0 07 E0 07 E0 07 E0 07
0x2000012C: E0 07 FF 06 FF 06 1F 07 1F 07 FF 06 1F 07 1F 07 1F 07 FF 06 FF 06 1F 07 1F
0x20000145: 07 1F 07 1F 07 1F 07 1F 07 1F 07 FF 06 1F 07 60 D7 60 D7 60 CF 80 D7
0x2000015E: 60 CF 60 D7 60 D7 60 DF 60 DF 60 DF 60 DF 80 DF 80 DF 80 E7 60 DF 80
0x20000177: E7 80 E7 A0 E7 A0 E7 BE DE DE E6 DF EE DF EE FF EE DF EE FF E6 FF EE 3E DF
0x20000190: 3F E7 1F EF 3F EF 3E EF 5F EF 3F EF 3F EF 5F EF 7F EF DF DF 10 10 61 10 61
0x200001A9: 10 61 08 61 10 61 08 61 10 61 10 61 10 61 10 61 10 61 10 41 08 61 08
0x200001C2: 61 08 60 08 60 08 61 08 61 08 1F 08 1E 08 1E 08 1E 08 1E 08 1E 00 1E 08 1E
0x200001DB: 08 1E 08 1E 08 1E 08 1E 08 1E 08 1E 08 1E 08 1E 08 1E 08 1E 08 1E 08
0x200001F4: 00 E8 00 E8 00 E8 00 E8 00 E8 00 E8 00 E8 00 E8 00 E8 00 E8 00 E8 00
0x2000020D: E8 00 E8 00 E8 00 E8 00 E8 00 E0 00 E8 00 E0 09 E0 0B F0 1F F0 1F F0 1F F0
0x20000226: 1F F0 1F F0 1F F0 1F F0 1F F0 1F F0 1F F0 1F F0 1F F0 1F F0 1F F0 1F
0x2000023F: F0 1F F0 1F F0 1F 03 9F 05 E0 07 E0 07 E0 07 E0 07 E0 07 E0 07 E0 07 E0
0x20000258: E0 07 E0 07 E0 07 E0 07 E0 07 E0 07 E0 07 E0 07 E0 07 E0 07 E0 07 FF
0x20000271: 06 FF 06 1F 07 FF 06 1F 07 1F 07 FF 06 FF 06 1F 07 1F 07 1F 07
0x2000028A: 1F 07 1F 07 1F 07 1F 07 1F 07 1F 07 60 CF 60 D7 60 D7 80 DF 40 D7 80
0x200002A3: D7 60 D7 60 D7 60 DF 60 DF 60 E7 60 E7 60 E7 60 E7 60 E7 60 E7 80 EF
0x200002BC: 80 E7 A0 E7 BD DE DE DE FE E6 FE E6 FF EE DF E6 FE E6 1F EF 1E E7 3E E7 3F
0x200002D5: E7 3F E7 3F EF 3F EF 3F EF 3F EF 5F EF 3F EF 08 08 61 08 61 08 61 08
0x200002EE: 61 08 62 08 61 08 61 08 61 10 61 08 61 10 61 10 61 10 60 08 60 08 80 08 81
0x20000307: 08 61 08 1E 00 1E 00 1E 08 1E 08 1E 00 1E 00 1E 00 1E 00 1E 00 1E 00
0x20000320: 1E 00 1E 08 1E 00 1E 00 1E 00 1E 00 1E 00 1E 00 E8 00 E0 00 E8 00
0x20000339: E8 00 E8 00 E8 00 E8 00 E8 00 E8 00 E8 00 E8 00 E8 00 E8 00 E8 00 E8
0x20000352: 00 E8 00 E0 00 E8 00 E0 09 E0 0B F0 1F F0 1F F0 1F F0 1F F0 1F F0 1F F0
0x2000036B: F0 1F F0 1F F0 1F F0 1F F0 1F F0 1F F0 1F F0 1F F0 1F F0 1F F0 1F 03
0x20000384: 9F 05 E0 07 E0 07 E0 07 E0 07 E0 07 E0 07 E0 07 E0 07 E0 07 E0 07 E0
0x2000039D: 07 E0 07 E0 07 E0 07 E0 07 E0 07 E0 07 E0 07 E0 07 FF 06 FF 06 1F 07 FF 06
```

Figure III.3- Codage numérique des pixels d'une image test

- **Test des compteurs**

La deuxième méthode de test concerne la détection des fronts des signaux de sortie de la caméra Vsync et Hsync. En effet, le compteur CurrentLine représente le nombre de lignes d'une image. La variable NumberOfVsync représente le début d'une image, elle est égale à 1 lorsque le nombre de lignes atteint 119 lignes et par suite l'image est prête à être affichée (Image_ready=1).

Les trois variables de tests sont alors : CurrentLine, NumberOfVsync, Image_ready comme s'est présenté ci-dessous.

Name	Value	Type
CurrentLine	119	unsigned short
Image_ready	0x01	unsigned char
NumberOfVsync	1	unsigned short

Figure III.3- Variables de test

III.4.   Phase de tests et validation

Une fois la variable Image_ready, déclenchant la fin de transfert d'une image, est égale à 1, on désactive les deux interruptions de Hsync et Vsync et on réinitialise toutes les variables (compteurs et drapeaux).

Le processus d'affichage se fait dans une boucle infinie. La séquence d'images forme une vidéo.

III.4.1 Architecture de la méthode de validation

Le CPU envoie les codes couleurs stockées dans la SRAM vers la RAM de LCD via le bus SPI.

42

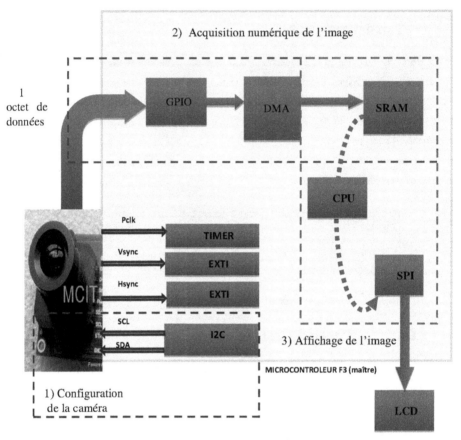

Figure III.4- Architecture de la méthode d'acquisition et de validation

III.4.2 Liaison SPI (Serial Peripheral Interface)

Une liaison SPI est un bus de données série synchrone qui opère en mode Full-duplex. Les circuits communiquent selon un schéma maître-esclaves, où le maître s'occupe totalement de la communication. Plusieurs esclaves peuvent coexister sur un même bus, dans ce cas, la sélection du destinataire se fait par une ligne dédiée entre le maître et l'esclave appelée chip select. Les quatre signaux d'une liaison SPI :

- SCLK — Serial Clock, Horloge (généré par le maître)
- MOSI — Master Output, Slave Input (généré par le maître)
- MISO — Master Input, Slave Output (généré par l'esclave)
- SS — Slave Select, Actif à l'état bas (généré par le maître)

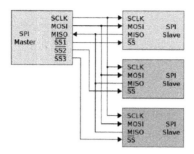

Figure III.5- Liaison SPI

III.4.3 Description du programme de validation

L'affichage est le moyen le plus sûr pour valider la partie de l'acquisition numérique de l'image. Ci –dessous la description de la fonction d'affichage.

Fonction	LCD_Draw_Pixel
Paramètres	Xpos : La position horizontale Ypos : La position verticale RGBCode : le code couleur d'un pixel
Description	Dessiner un pixel suivant sa position donnée et son code de couleur.
Valeur de retour	rien

Table III.1- Description du programme de l'affichage

Le périphérique SPI2, mappé sur le bus APB1, est configuré pour sa fréquence de transmission à une fréquence de 18Mhz et son mode de transmission est le mode full-duplex.

- **Affichage d'une image**

L'unité de base d'une image est le pixel. L'affichage d'une image se fait pixel par pixel selon une position horizontale te verticale bien définie. La figure suivante montre le processus de l'affichage d'une image.

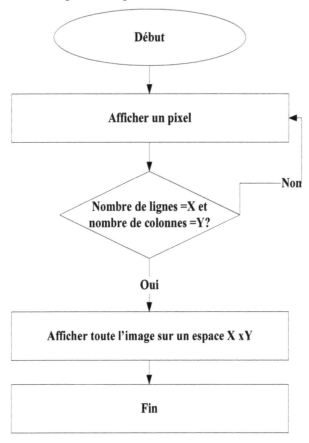

Figure III.6- Organigramme de l'affichage d'une image

- **Affichage d'un pixel**

Un pixel est caractérisé par sa position horizontale x, verticale y et sa profondeur z qui indique sa couleur

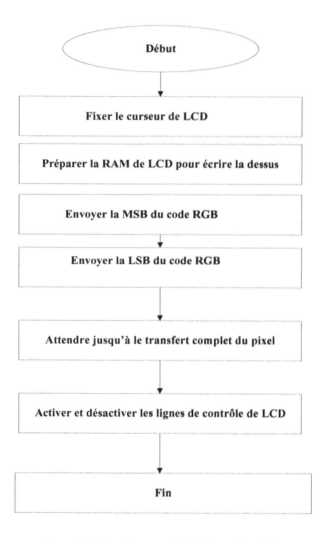

Figure III.7- Organigramme de l'affichage d'un pixel

III.4.4 Connexion Hardware du microcontrôleur avec LCD

Le LCD comme étant esclave est piloté par le microcontrôleur comme étant maître via le bus SPI (Serial peripheral interface) :

CS c'est le chip select, elle est activée par le microcontrôleur pour piloter l'esclave. Le signal SCL est l'horloge, le signal SDI présente les données série d'entrée et SDO présente les données série de sortie.

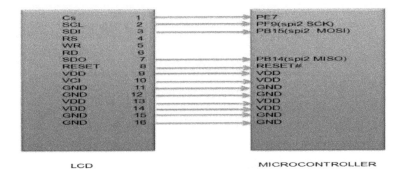

Figure III.8- connexion du microcontrôleur à LCD

- **Résultat de l'implémentation**

On a monté le LCD avec la carte Discovery STM32F3 sur une carte à essaie suivant le schéma de connexion de la figue III.8.

On a utilisé l'interface DCMI de la carte d'évaluation STM32F40-EVAL, sa caméra et son afficheur LCD, puis on a configuré la caméra du microcontrôleur F4 pour envoyer une image statique, comme image de test, et on l'a affiché sur l'afficheur LCD de la carte F4. Enfin on a comparé l'image affiché sur le LCD de la carte STM32F40-EVAL avec l'image affichée sur le LCD connecté à la carte STM32 Discovery F3.

Le résultat de l'affichage de l'image stockée dans la RAM du microcontrôleur F3 est montré dans la figure III.9.

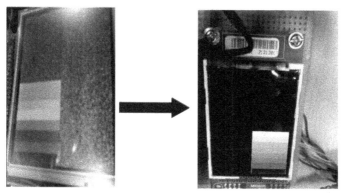

Figure III.9.1-Afficheur LCD   Figure III.9.2-Afficheur LCD de la carte

d'évaluation **STM32F40-EVAL**   **STM32F3** Discovery

Figure III.9- Validation de l'acquisition numérique de l'image

III.4.5 Optimisation en fréquence pour la résolution QQVGA

- **Optimisation en fréquence de Pclk**

Concernant la qualité de l'acquisition numérique de l'image plus la fréquence du Pclk est élevée plus la qualité d'image est meilleure.

Pour une première implémentation de notre software utilisant les fonctions prédéfinies de la bibliothèque STM32F3 stdlib, on a validé notre travail pour une fréquence de 275 KHz.

En remplaçant ces fonctions par l'accés direct aux registres, on a pu gagner en fréquence jusqu'à 1.125 MHz.

Finalement l'optimisation du compilateur Keil et IAR en temps et en vitesse nous a permis d'atteinde une fréquence relativement élevée de **2.25 MHz**.

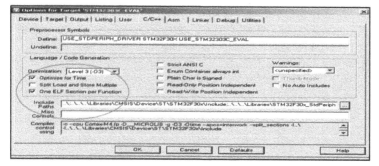

Figure III.10–Optimisation du compilateur Keil

48

- **Fréquence d'acquisition d'une image**

La fréquence d'acquisition est calculée de la manière suivante :

$$F = \frac{1}{((\text{Nombres pixels valides} + \text{Nombre de pixels invalides}) \times \text{Période d'acquisition d'un pixel})}$$

Sachant que:

- Fréquence de Pclk = 2.25 Mhz
- La période d'acquisition = $1/(2.25 \times 10^6)$
- Nombre de pixels valides = 120x160x2 = 38400 pixels
- Nombre de pixels invalides = 697 500 pixels

  ✓ Tenant compte des pixels invalides

→ Fréquence d'acquisition = 3.5 Fps images par secondes .

  ✓ Ne tenant pas compte des pixels invalides

Fréquence d'acquisition= 58 images par secondes .

- **Fréquence d'affichage d'une image vidéo**

La fréquence d'affichage est calculée de la manière suivante :

$$F = \frac{1}{((\text{Temps de transfert d'un bit}) \times \text{Nombre de bits})}$$

Sachant que :

- Le temps de transfert d'un bit = 1/18Mhz
- Nombre de bits=120x160x2 x8 = 307200 bits

→ Fréquence d'affichage = **58 images par seconde(fps)** .

49

- **Analyse des résultats**

  La fréquence d'acquisition est très lente par rapport à la fréquence d'affichage comme le montre la figure III.11 . Ce qui nous permet d'afficher sans perte de pixels valides. La lenteur de la fréquence d'acquisition est due à la caméra. En effet, le temps de pixels invalides est très important.

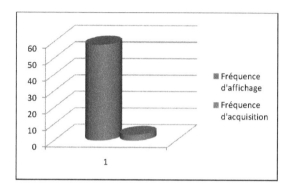

Figure III.11–Fréquence d'acquisition et d'affichage

III.4.6 Charge Microprocesseur (CPU)

La charge CPU représente le temps où le CPU est en mode de fonctionnement .
Plus ce temps est réduit , plus le CPU est libre pour éxécuter d'autres tâches en parallèle.

- **Calcul de la charge du microprocesseur**

  La charge CPU est calculée de la façon suivante :

$$\text{Charge CPU} = \frac{\text{Temps de l'éxécution des fonctions utilisant le CPU}}{\text{Temps de transfert d'une image totale}}$$

Sachant que :

- Temps de l'interruption Vsync = 699 cycles
- Temps de l'interruption Vsync = 101x120=12120 cycles
- Période du microcontrôleur = 14ns
- Nombre de cycles total = ((101x120)+699) = 12819 cycles
- Temps écoulés en interruptions = 12819 x14 = 179466 ns

50

- Temps de transfert d'une image totale tenant compte des pixels invalides = 256 ms
  - ✓ Tenant compte des pixels invalides
  - → Charge CPU =0.07 %

  - ✓ Ne tenant pas compte des pixels invalides
  - → Charge CPU =0.83%

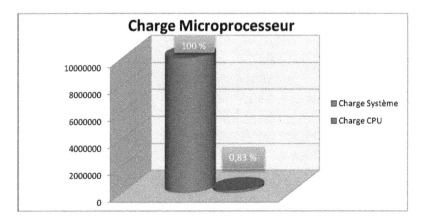

*Charge système =Temps de transfert d'une image totale

Figure III.12–Charge microprocesseur

III.4.7 Optimisation du coût matériel

L'entrée xclk reçoit le signal d'horloge de la caméra. Un circuit oscillant composé essentiellement d'un quartz de 24MHz est alimenté de 2.8v. Pour optimiser le coût du matériel, on a éliminé l'oscillateur quartz qui vaut 1 dollar et on l'a remplacé par une horloge externe MCO du microcontroleur STM32F3. Cet horloge est fournie comme entrée xclk à la caméra jouant le rôle du circuit oscillant et assurant ainsi toutes les synchronisations pour les signaux participant à la transmission des données numériques de l'image.

51

Comparons notre travail avec celui des compétiteurs:

Caractéristiques	Freescale	NXP	STMicroelectronics (DCMI STM32 F4)	STMicroelectronics (STM32 F3)
Type de l'interface caméra	logicielle	logicielle	matérielle	logicielle
Format	RGB565	RGB565 or YUV4:2:2	−YCbCr 4:2:2 − RGB 565 − JPEG	RGB565
Mode d'activation de Pclk	Pclk discontinu	Pclk discontinu	Pclk toujours continu	Pclk toujours continu
Fréquences Pclk	3MHz	-	54 MHz	2.25MHz
Cadence d'images	30 fps	-	-	58fps
Résolution	QQVGA (160x120)	QVGA (320x240)	QVGA (320x240)	QQVGA (160x120)
Charge microprocesseur	8%	8%	-	0.83%

Table III.2 –Etude comparative de notre solution avec celles des compétiteurs

III.5 Conclusion

Dans ce chapitre nous avons présenté notre système de validation. Nous avons pu avec cette méthode d'affichage de valider la partie acquisition numérique de l'image. Nous nous sommes intéressés, par la suite, aux optimisations possibles en fréquence, en charge microprocesseur, en coût matériel. Enfin, nous avons pu réaliser une solution compétitive.

Conclusion Générale

Le but de ce projet de fin d'études consiste à mettre sur le marché de l'électronique embarqué une solution software à bas coût qui permet d'émuler une interface caméra digitale

La première partie de ce projet était consacrée essentiellement à l'étude de l'existant et les contraintes hardware et software possibles. Ensuite, la deuxième partie s'est focalisée sur le développement du processus d'acquisition numérique de l'image selon une synchronisation totale avec les signaux de sortie de la caméra. La dernière partie, où on a fait la connexion hardware entre la carte STM32F3 Discovery comme étant maître avec la caméra et LCD comme étant esclaves, est dédiée à la validation de l'acquisition numérique de l'image par la méthode d'affichage sur un écran LCD.

Dans une deuxième partie, on a évalué ce travail. Après les différentes optimisations réalisées, on a pu arriver à des résultats satisfaisants. L'émulation se fait avec une résolution QQVGA(160x120), une fréquence maximale d'horloge pixel Pclk de 2.25 Mhz en mode continu, une cadence d'images de 58 fps et une charge CPU très faible moins de 1% de la charge totale du processus d'acquisition. Bien qu'on ne parvenions pas à atteindre une fréquence de Pclk supérieure à celle des compétiteurs qui est de 3 Mhz, la solution en terme de coût est avantageuse car la charge microprocesseur est dix fois moins que le facteur des compétiteurs. Alors nous estimons que les objectifs soient atteints.

Par ailleurs, le faible pourcentage de la charge CPU permet à ce dernier d'exécuter d'autres tâches en parallèle. Ce qui ouvre d'autres perspectives pour ce projet. A savoir appliquer les algorithmes avancés de traitement d'images, qui peuvent être stockés dans la SRAM, pour réaliser une application de code à barre par exemple.

Le projet sera présenté aux clients de STMicroelectronics sous forme d'application note qui, en premier lieu, met en valeur les performances de la DMA du microcontrôleur STM32F3 et en deuxième lieu notre application vient comme preuve de l'efficacité d'usage de la DMA. Cette application note porte un document rédigé et un software.

Enfin, durant la mission de la réalisation de ce projet, j'ai appris beaucoup de choses.

De point de vue professionnel, j'ai appris l'esprit de travail en équipe, l'esprit de synthèse.

Et de point de vue technique, c'était une occasion de concrétiser mes connaissances théoriques concernant les systèmes embarqués et le traitement de signal. En effet, ce projet m'a permis d'améliorer mes compétences en programmation C embarqué et mes connaissances pratiques en hardware.

Glossaire

ODR :Output Data Register

LED : Light-Emitting Diode

IDR : Input Data Register

GPIO : General Purpose Input / Output

FPGA : Field-programmable gate array

EXTI : External Interrupts

DMA : Direct Memory Access

CPU : Central process Unit

ASIC : Application-Specific Integrated Circuit

Bibliographie

*"Si j'ai pu voir plus loin que les autres, c'est parce que
je m'appuyais sur les ´épaules de géants"*

Isaac Newton.

[1]Sihem Bouyahia Marzouk,Traitement numérique d'Images ,2009/2010

Netographie

[N1] Information sur l'entreprise STMicroelectronics. [En ligne] [Citation : 04 Juin 2012.]
<http://www.st.com/internet/com/about_st/st_company_information.jsp>.

[N2] ST Tunis site interne. [En ligne] [Citation : 04 Juin 2012.] <http://tunnet.gnb.st.com/>

[N3]http://www.st.com/stui/static/active/en/resource/technical/document/data_brief/DM0006
3389.pdf

[N4] http://www.optique-ingenieur.org/fr/cours/OPI_fr_M05_C06/co/Contenu_18.html

[N5]http://dccharacter.blogspot.com/2012/06/microexplorer-from-
stmicroelectronics.html?_sm_au_=iVVJMn1fPqrsrJQF

[N6] http://www.st.com/st-web-ui/static/active/en/resource/technical/
document/ reference_manual/DM00043574.pdf

ANNEXE(S)

Annexe A : *Les blocs diagrammes des différents*

périphériques utilisés et leurs principes de fonctionnements

Figure 1 :Les différentes demandes Hardware de la DMA

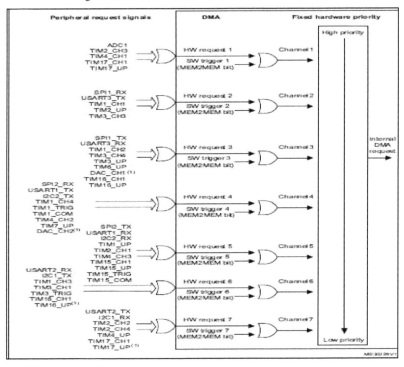

Figure 2: Bloc diagramme de la DMA

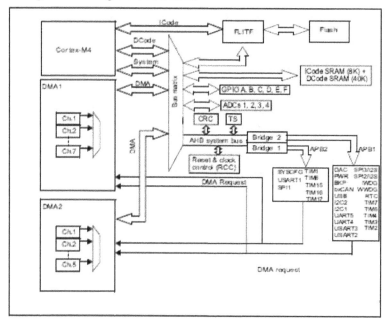

- **Description du fonctionnement interne de la DMA**

Le contrôleur de la DMA effectue un transfert direct en mémoire en partageant le bus du système avec le Core Cortex - M4 . La demande DMA peut cesser l'accès du CPU sur le bus de système pendant un certain cycles de bus , lorsque le CPU et la DMA ciblent la même destination (mémoire ou périphérique). La matrice de bus met en œuvre l'ordonnancement du round-robin, assurant ainsi au moins la moitié de la largeur de bande du bus système (à la fois pour la mémoire et périphérique) pour le CPU .

Après un événement, le périphérique envoie un signal de demande au contrôleur de la DMA . Le contrôleur de la DMA sert la demande en fonction des priorités du canal . Dès que le Contrôleur de la DMA accède au périphérique, il lui envoie un acquittement.

Le périphérique libère sa demande dès qu'il reçoit la reconnaissance du contrôleur de la DMA . Une fois que la demande est invalide par le périphérique, le contrôleur DMA libère un acquittement. S'il y a plus de demandes, le périphérique peut initier la prochaine transaction .

En résumé, chaque transfert DMA consiste en trois opérations :

• le chargement de données à partir du registre de données

L'adresse de début utilisée pour le premier transfert est l' adresse de périphérique de base ou de la mémoire programmée dans le registre DMA_CPARx ou DMA_CMARx.

• le stockage des données chargées dans le registre de données périphérique ou mémoire et l'adresse utilisée pour le premier transfert.

• Le post- décrémentation du compteur DMA_CNDTR

- **L'arbitrage**

L'arbitre gère les demandes du canal en fonction de leurs priorités et lance les séquences d'accès mémoire ou périphérique.

Les priorités sont gérées en deux étapes:

• Logiciel: chaque priorité du canal peut être configuré dans le registre DMA_CCRx. En effet, il y a quatre niveaux:

- Très haute priorité

- Haute priorité

- Priorité moyenne

- Faible priorité

• Matériel: si deux demandes ont le même niveau de priorité de logiciels, le canal avec le nombre le plus bas obtiendra la priorité.

- **L'incrémentation du compteur**

Chaque transaction selon les bits PINC et MINC dans le registre DMA_CCRx . Si le mode incrémenté est activé, l'adresse du prochain transfert sera l'adresse

précédente incrémentée de 1, 2 ou 4 en fonction de la taille de données choisie. La première adresse du transfert est celle programmée dans les registres DMA_CPARx et DMA_CMARx Pendant les opérations de transfert, ces registres gardent la valeur initialement programmée.

Si le canal est configuré en mode non circulaire, aucune demande DMA n'est servie après le dernier transfert (c'est-à-dire une fois que le nombre d'éléments de données devant être transférées a atteint zéro).

Avec le mode normal il faut donc recharger un nouveau nombre de points de données à transférer dans le registre DMA_CNDTRx, cependant le canal DMA doit être désactivé.

En mode circulaire, après le dernier transfert, le registre DMA_CNDTRx est automatiquement rechargé avec la valeur initialement programmée.

- **Le mode de mémoire à mémoire**

Les canaux DMA peuvent également travailler sans être déclenchée par une demande d'un périphérique.

Ce mode est appelé mémoire en mode mémoire.

Si le bit de MEM2MEM dans le registre DMA_CCRx est définie, la chaîne lance les transferts dès qu'il est activé par le logiciel en définissant le bit Enable (EN) dans le DMA_CCRx .

Le transfert s'arrête une fois que le registre DMA_CNDTRx atteint zéro. Mémoire à mode mémoire ne peut pas être utilisé en même temps que le mode circulaire ou lorsque la demande vient d'un périphérique hardware .

Mode éclaté(Burst) DMA

Les minuteries TIMX ont la capacité de générer de multiples demandes DMA sur un seul événement.

Le but principal est d'être en mesure de reprogrammer une partie de la minuterie à plusieurs reprises sans utiliser le logiciel, mais il peut aussi être utilisé pour lire plusieurs registres dans une rangée, à intervalles réguliers .

La destination du contrôleur DMA est unique et doit pointer vers le registre virtuel TIMx_DMAR.

Lors d'un événement de minuterie donné, la minuterie lance une séquence de requêtes DMA (Burst). Chaque écriture dans le registre TIMx_DMAR est effectivement redirigé vers l'un des registres de la minuterie.

La minuterie reconnaît un transfert en rafale quand une lecture ou un accès en écriture se fait à l'adresse TIMx_DMAR.

Figure3 :Bloc diagramme du Timer 15

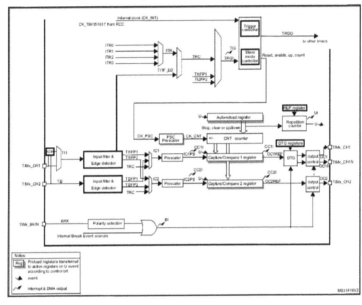

Figure4 :Structure basique d'un port bit à tolérance de 5 v

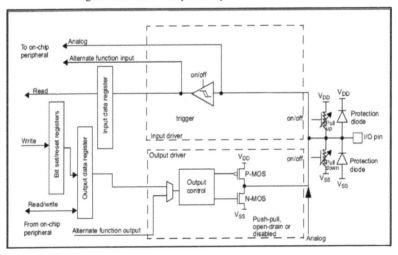

Figure 5:Bloc diagramme de I2C

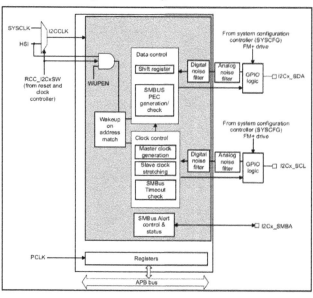

Figure 6:Bloc diagramme de EXTI

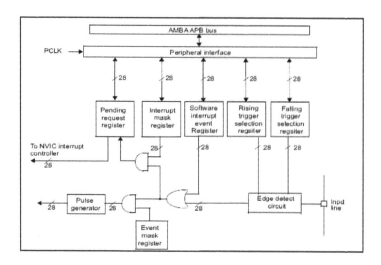

Figure 7 :Cartographie GPIO pour une Interruption externe / événement

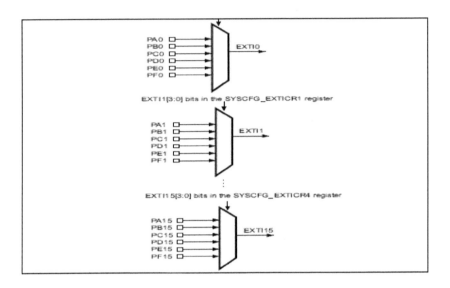

www.ingramcontent.com/pod-product-compliance
Lightning Source LLC
LaVergne TN
LVHW042345060326
832902LV00006B/404